AF220112

Walter Schmid

Der Antichrist Nietzsche(s)

Herausgeber:
Freidenkerinnen & Freidenker Ulm/Neu-Ulm e.V.
Postfach 1667, info@ulmer-freidenker.de
www.ulmer-freidenker.de

Satz und Gestaltung: Siegfried Späth, Ulm
Titelseite unter Verwendung eines Aquarells
von Walter Schmid
siegfriedspaeth@t-online.de

Aquarelle: Walter Schmid

© 2020
Herstellung und Verlag:
BoD – Books on Demand Norderstedt.
ISBN: 9783751957328

Der Antichrist Nietzsches(s)

Die Schwaben sind die besten
Lügner in Deutschland.
 (F. Nietzsche)

Für Nietzsche heißt Gott töten:
selber Gott töten – das heißt:
schon auf Erden
das ewige Leben verwirklichen,
von dem das Evangelium spricht.
(A. Camus)

Prolog (aber nicht im Himmel!!)

Nietzsche ist so etwas wie das "Schmuddelkind" unter den Philosophen. Und mit solch einem soll man ja, so zumindest Franz-Josef Degenhardt, nicht spielen, also, auf Nietzsche bezogen, sich nicht mit seiner Philosophie beschäftigen.

Das "Warum" begründen die selbsternannten Verfechter der political, hier: philosophical correctness mit der angeblichen Frauenfeindlichkeit sowie dem angeblichen Antisemitismus Nietzsches.

Als Beispiel für seine "Frauenfeindlichkeit" wird immer wieder die wohl berühmteste Sentenz aus "Also sprach Zarathustra" bemüht, die da lautet: »"Du gehst zu Frauen?« Vergiss die Peitsche nicht! — "« (Za I, Weiblein) Übersehen wird dabei, daß es »Frauen« und nicht "Weiber" heißt, zudem stammt dieser Spruch im *Zarathustra* von einem alten Weiblein, die Einleitung des Satzes lautet: »Und also sprach das alte Weiblein«.

Ein weiterer "Grund", vom "Schmuddelkind" Nietzsche die Finger und anderes zu lassen, ist sein angeblicher Antisemitismus.

Nietzsche hat aber, wenn man eine Gesamtschau seines umfangreichen Werkes unternimmt, eine eindeutig ablehnende Haltung gegenüber dem Antisemitismus eingenommen, der zu seiner Zeit als politische Bewegung aufkam. In *Jenseits von Gut und Böse* schreibt er beispielsweise, es wäre »vielleicht nützlich und billig, die antisemitischen Schreihälse des Landes zu verweisen.« (JGB Nr. 251) Wenn das nicht eindeutig ist! Auch beim Bruch mit Freunden spielte für Nietzsche deren Antisemitismus keine untergeordnete Rolle. In seiner Schrift *Nietzsche contra Wagner*, gemeint ist der Komponist Richard Wagner, heißt es: »Ich vertrage nichts Zweideutiges; seitdem Wagner in Deutschland war, kondeszentierte er Schritt für Schritt zu allem, was ich verachte — selbst zum Antisemitismus … « (NcW, Wie ich von Wagner loskam, Nr. 1)

In einem Fragment Nietzsches, verfaßt zwischen Ende 1886 und Frühjahr 1887, heißt es:»Neulich hat ein Herr Theodor Fritsche aus Leipzig an mich geschrieben. Es giebt gar keine unverschämtere und stupidere Bande in Deutschland als diese Antisemiten. Ich habe ihm zum Danke einen ordentlichen Fußtritt versetzt. Dieses Gesindel wagt es, den Namen Z(arathustra)in den Mund zu nehmen.« (KSA 12, S. 321)

Eine nicht unbedeutende Rolle für die Sicht auf Friedrich Nietzsche als Antisemit spielte seine Schwester Elisabeth, die sich Adolf Hitler andiente, und deren sehnlichster Wunsch, mit Hitler zusammentreffen zu können, in Erfüllung ging. Sie gab eine Kompilation von Nietzsche-Zitaten unter dem Titel *Der Wille zur Macht* heraus, die eindeutig dazu dienen sollte, die Philosophie ihres Bruders den Faschisten "schmackhaft" zu machen.

Walter Kaufmann schreibt in seinem Buch *Nietzsche: Philosoph – Psychologe* - Antichrist (S. 2 f.):

> Während der Autor des Antichrist [sc. Friedrich Nietzsche; W. S.] unheilbar krank im Hause seiner Mutter dahindämmerte, stellte unter demselben Dach seine Schwester [sc. Elisabeth Förster-Nietzsche; W. S.] ihre bemerkenswerten propagandistischen Fähigkeiten in den Dienst jenes teutonischen »Christentums« und des chauvinistischen Rassismus, die Nietzsche als »Herzenskrätze« (FW § 377; MA, VM § 304) verabscheut, und um derentwillen er Wagner und – seine Schwester so heftig angegriffen hatte. Ihr Mann, Bernhard Förster, war einer der führenden Leute der deutschen antisemitischen Bewegung gewesen, veranlaßt durch die wachsende Flut des Kolonialismus, hatte das Paar in Paraguay eine teutonische Kolonie gegründet. Nun, da Förster durch Selbstmord geendet hatte, verwendete sie ihre Zeit teils für geschäftliche Aktivitäten in Südamerika, teils

für propagandistische Bemühungen zuhause. Sie versuchte, aus ihrem Mann einen Nationalhelden zu machen, freilich ohne Erfolg. Sie provozierte mit diesem Versuch nur immer heftigere Angriffe von ernüchterten Kolonisten, die glaubten, daß die Försters sie betrogen und ruiniert hätten. Da merkte sie plötzlich, daß inzwischen der Stern ihres Bruders seinen steilen Aufstieg begonnen hatte – und Frau Förster verwandelte sich in Elisabeth Förster-Nietzsche, wurde ihres Bruders Erzjünger und begann, die Nietzsche-Legende zu entwerfen.

Die Interpretationen, die sie von dem Denken ihres Bruders vorlegte, wurden fast überall sofort anerkannt; auch in Büchern, die das Erbe ihres Mannes entschieden verwerfen, wird bis zum heutigen Tage oft versäumt, die Berechtigung ihrer Verquickung dieses Erbes mit dem Nietzsches in Frage zu stellen. Heute würde sie zwar kaum noch ein Autor als eine Interpretin zitieren, auf die man sich berufen kann; aber wenn ihr Einfluß auch unbemerkt bleibt, so ist er nach wie vor sehr groß.

Weil es sich so verhält, hat man Grund zu der Frage, ob sie mit dem Denken ihres Bruders vertraut war, als sie in den neunziger Jahren des vorigen Jahrhunderts [gemeint sind die Neunziger des 19. Jahrhunderts; W. S.] seine Sache in die Hand nahm. Der Goethe-Forscher und spätere Begründer der Anthroposophie, Rudolf Steiner, berichtet, sie habe ihn gebeten, ihr "Privatstunden über die Philosophie ihres Bruders" zu geben, und fährt dann wörtlich fort: "Die Privatstunden ... belehrten mich vor allen Dingen über das Eine: *Daß Frau Förster-Nietzsche in allem, was die Lehre ihres Bruders angeht, vollständig Laie ist. ...* [Ihr] fehlt aller Sinn für feinere, ja selbst für gröbere Unterscheidungen; ihrem Denken wohnt auch nicht **9** die geringste logische Folgerichtigkeit inne; es geht ihr jeder Sinn für Sachlichkeit und Objektivität ab. … Sie *glaubt* in jedem Augenblicke, was sie sagt. Sie redet sich heute selbst ein, daß gestern rot war, was ganz sicher blaue Farbe trug." Man könnte ihr Werk im Rückblick mit Hilfe eines Zitates aus Nietzsches sarkastischem Urteil über Paulus charakterisieren: durch ihre fruchtbare Tätigkeit als Autorin und Herausgeberin hat sie die Philosophie ihres Bruders "zu einer heidnischen Mysterienlehre umgedreht, welche endlich sich mit der ganzen *staatlichen Organisation* vertragen lernt … und Kriege führt … foltert … haßt" (NF November 1887 – März 1988; KSA 13, 11 [282].

Ein letztes, nicht unerhebliches Statement zugunsten Nietzsches haben Theodor W. Adorno und Max Horkheimer in ihrem Werk *Dialektik der Aufklärung* abgegeben. Dort heißt es in der Vorrede: »[Z]u den unerbittlichen Vollendern der Aufklärung« gehören »Kant, Sade und Nietzsche«.

Friedrich Nietzsche war der Sohn eines Pastors, der jung verstarb. Der Einfluß des Vaters auf den Sohn läßt sich leicht aufzeigen. Im Jahre 1858, also mit 14 Jahren, schrieb Nietzsche (Jugendschriften 1854 – 1861, S. 31):

Ich habe nun schon so manches erfahren, freudiges und trauriges, erheiterndes und betrübendes, aber in allen hat mich Gott sicher geleitet wie ein Vater sein schwaches Kindlein. Viel schmerzliches hat er mir schon auferlegt, aber in allen erkenne ich mit Ehrfurcht seine hehre Macht, die alles herrlich hinausführt. Ich habe es fest in mir beschlossen, mich seinem Dienste auf immer zu widmen. Gebe der liebe Herr mir Kraft und Stärke zu meinen Vorhaben und behüte mich auf meinem Lebenswege. Kindlich vertraue ich auf seine Gnade: Er wird uns insgesamt bewahren, auf daß kein Unfall uns betrübe. Aber sein heiliger Wille geschehe! Alles was er giebt, will ich freudig hinnehmen, Glück und Unglück, Armuth und Reichthum und kühn selbst dem Tod ins Auge schauen der uns alle einstmals vereinen wird zu ewiger Freude und Seligkeit. Ja, lieber Herr, laß dein Antlitz über uns leuchten ewiglich! Amen!!

Im Jahre 1884, also rückblickend, sieht Nietzsche das so: »Als ich 12 Jahre alt war, erdachte ich mir eine wunderliche Drei-Einigkeit: nämlich Gott-Vater, Gott-Sohn und Gott-Teufel. Mein Schluß, war, daß Gott, sich selber denkend, die zweite Person der Gottheit schuf: daß aber, um sich selber denken zu können, er seinen Gegensatz denken mußte, also schaffen mußte. — Damit fieng ich an, zu philosophiren.« (KSA 11, S. 253)

1888 begann Nietzsche dann, sein Werk *Antichrist. Fluch auf das Christentum* zu schreiben. Es war kein plötzlicher Sinneswandel, der ihn dazu trieb. Schon vorher hatte er u. a. Folgendes formuliert:

> Christenthum war von Anfang an, wesentlich und gründlich, Ekel und Ueberdruss des Lebens am Leben, welcher sich unter dem Glauben an ein "anderes" oder "besseres" Leben nur verkleidete, nur versteckte, nur aufputzte. Der Hass auf die "Welt", der Fluch auf die Affekte, die Furcht vor der Schönheit und Sinnlichkeit, ein Jenseits, erfunden, um das Diesseits besser zu verleumden, im Grunde ein Verlangen ins Nichts [...] (GT, Versuch einer Selbstkritik, § 5; geschrieben 1872)

und

> Der A l l t a g s - C h r i s t . — Wenn das Christenthum mit seinen Sätzen vom rächenden Gotte, der allgemeinen Sündhaftigkeit, der Gnadenwahl und der Gefahr einer ewigen Verdammniss, Recht hätte, so wäre es ein Zeichen von

11

Schwachsinn und Charakterlosigkeit, n i c h t Priester, Apostel oder Einsiedler zu werden und mit Furcht und Zittern einzig am eigenen Heile zu arbeiten; es wäre unsinnig, den ewigen Vortheil gegen die zeitliche Bequemlichkeit so aus dem Auge zu lassen. (MA I, § 11; geschrieben 1878)

Es gibt noch sehr viele andere Stellen in Nietzsches Werken mit gleichem oder ähnlichem Tenor.

Den Begriff des *Antichristen* gibt es erst seit dem (angeblichen?) Auftreten der Person Jesus auf dem Gebiet des heutigen Israel. So heißt es beispielsweise im ersten Johannes-Brief:

2 Daran sollt ihr den den Geist Gottes erkennen: Ein jeder Geist, der bekennt, dass Jesus Christus in das Fleisch gekommen ist, der ist von Gott; *3* und ein jeder Geist, der Jesus nicht bekennt, der ist nicht von Gott. Und das ist der Geist des Antichrists, von dem ihr gehört habt, dass er kommen werde, und er ist jetzt schon in der Welt. (1 Joh 4, 2 f.)

Der *Antichrist* ist die Personifizierung des Bösen, er ist nicht der Teufel bzw. Satan. Einer der berühmtesten Antichristen der Weltliteratur ist *Mephistopheles* in Goethes Drama *Faust*. Auch er ist nicht der Satan, wie beispielsweise die Walpurgisnacht-Szene aufweist. In ihr treten Mephisto und der Teufel gemeinsam auf.

Das Böse ist, glaubt man der Bibel, durch die Schlange in die Welt gekommen. *Sie*, die Schlange ist im Deutschen weiblichen grammatikalischen Geschlechts, verführt Eva (weiblich!) dazu, eine Frucht, meist als Apfel dargestellt, vom Baum der Erkenntnis zu essen. Eva gibt von dieser Frucht etwas an Adam weiter. Das war das Aus für das Leben im Paradies!!

Der Antichrist, das Böse, durchzieht die Weltliteratur. Ein Beispiel aus dem Mittelalter stammt von Adso von Montier-en-Der. Er verfaßte

»um 950 u. Z. im Auftrag der westfränkischen Königin Gerberga das Kompendium *Libellus de ortu et tempore Antichristi* ("Büchlein von Ursprung und Zeit des Antichrist"). Darin fügte er erstmals alle verfügbaren altkirchlichen Dokumente und umlaufenden Motive zum Thema in ein möglichst widerspruchsfreies Gesamtbild in Form eines Lebenslaufs mit 15 Stationen ein:

Der Antichrist sei nicht wie Christus von einer Jungfrau geboren, sondern stamme von Juden aus dem Stamm Dan ab. An seiner Zeugung sei der Teufel als Incubus beteiligt gewesen. Der Antichrist werde in Babylon geboren und in Bethsaida und Chorazin – zwei von jenen galiläischen Städten, denen Jesus das Gericht Gottes ankündigte – aufwachsen, dort von Zauberern und falschen Propheten erzogen und von Dämonen umschwärmt. Er werde den Jerusalemer Tempel wieder aufbauen, sich beschneiden lassen und zum Gottessohn erklären. Von dort aus werde er seine Weltherrschaft mit Schrecken (Terror), Bestechung und Wundertaten aufrichten. Er werde seine Boten überallhin aussenden, Könige und ihre Völker zu sich bekehren und zugleich die Stätten, an denen Jesus wirkte, zerstören. Sich widersetzende Christen werde er ermorden. Nur die Macht des Frankenreiches halte ihn noch auf, bis schließlich auch der letzte Frankenkaiser in Jerusalem Szepter und Krone niedergelegt habe. Dann breche seine Macht voll hervor. Dreieinhalb Jahre vorher würden die wiedergeborenen biblischen Propheten Henoch und Elija die Gläubigen vor ihm warnen; dann werde er sie töten und die Christen weitere dreieinhalb Jahre lang verfolgen. Die Juden und fast alle übrigen Menschen würden ihn als ihren Messias anerkennen; seine Anhänger trügen ein Zeichen auf der Stirn. Danach werde Christus oder der Erzengel Michael erscheinen und ihn auf dem Ölberg vernichten. Den abgefallenen Christen blieben dann noch 40 Tage zur Umkehr vor dem Endgericht.« (Wikipedia)

Für Martin Luther stellte der Papst den Antichristen dar. »Als Merkmale für das antichristliche Wesen des Papsttums nannte Luther: Der Papst stelle seine Autorität über Gottes Wort, mache sich gegen und anstelle Jesu Christi zum Kirchenherrscher, beanspruche auch die Weltherrschaft gegenüber Kaisern und Königen, tyrannisiere die Gewissen der Gläubigen mit zahllosen willkürlichen, schriftwidrigen Gesetzen: darunter dem Zölibat, Zwang zur Beichte, Entzug des Laienkelches beim Abendmahl, vor allem dessen Deutung als Opfer. Für Nichteinhaltung dieser Gesetze drohe er den Christen ewigen Heilsverlust an, regiere also mit Angst statt Liebe. Später hob Luther als weiteres Merkmal die Vermischung von weltlicher und geistlicher Macht hervor: Daraus folgten unvermeidbar unersättliche Habsucht und Korruption des Klerus. Im Papst bekämpfe und zerstöre der Teufel die drei Stände Obrigkeit, Kirche und Familienhaus, durch die Gott seine gute Schöpfung erhalten wolle.« (ebd.)

Ganz schön aktuell!!

Aus dem Jahr 1667 stammt das Versepos *Das Verlorene Paradies* (Orig.: Paradise Lost) von John Milton. Dort wird u. a. geschildert, wie Gott Vater und Gott Sohn ausmachen, daß und wie Gott Sohn die sündigen und sündigenden Menschen "retten" solle. Ein paar Verse daraus aus dem Dritten Buch:

Gott Vater:

> »Es soll der Mensch nicht ganz verloren sein,
> Sondern, wer will, gerettet, aber nicht
> Durch Willen, der in ihm ist, sondern frei
> Gewährt durch Gnade, die in mir ist.« (V. 223 - 226)

Gott Vater beteuert, daß der Mensch

> »mir [sc. Gott Vater] alle seine Rettung schulde,
> Nur mir allein. Ich habe wenige
> Auf Grund besondrer Gnade mir gewählt,

Als Auserkorene aus ihrer Mitte.
Dies ist mein Wille.« (234 – 238)
Gott Sohn erwidert wenig später:
»Hier steh ich nun, und mich für ihn [sc. den Menschen] zu
opfern
Bin, Leben gegen Leben, ich bereit;
Mich lasse deinen Zorn entgelten, nimm
Als Mensch mich an: ich will um seinetwillen
Aus deinem Busen fliehn und freien Mutes
Dem Gloriensitze neben dir entsagen,
Und letztlich für ihn sterben, wohl beglückt.
Laß mich des Todes ganze Wut verspüren,
Nicht lange werde ich besiegt durch ihn
In Nacht und Grauen schmachten, denn du hast
Mir ewig Leben zuerkannt, durch dich
Hab ich das Leben, ob ich gleich dem Tod
Mich nun ergebe und ihm zahlen muß,
Was an mir sterblich. Doch, wenn ich dies gezollt,
Da wirst du nicht in schnöder Grabesgruft
Mich ihm als Beute lassen, noch erdulden,
Daß meine unbefleckte Seele dort
In der Verwesung ewiglich verweile;
Nicht so, ich werde siegreich auferstehen [...]« (V. 307 – 325)
In der Bibel ist der Aufopferungswille Jesu nicht gegeben, Im
Evangelium nach Lukas heißt es (22, 42): »Vater, willst du, so nimm diesen
Kelch von mir; doch nicht mein, sondern dein Wille geschehe!« Nix mit
freiwillig in den Tod gehen!

Ein anderer Aspekt wird deutlich an der Inschrift eines sog. "Marterls"
(Bildstock) in der Nähe meines Wohnortes. Auf diesem Bildstock steht, in **15**

Stein gemeißelt:

> Mensch bleib stehn
>
> und schau mich an
>
> Denk meine Sünd
>
> ist schuld daran
>
> dass ich am Kreuz
>
> muss sterben

Auch hier: Nix mit freiwillig in den Tod gehen, Schuld am Tod Jesu sind die Menschen, die "ewigen Sünder". Aber immerhin sind diejenigen, welche die Inschrift in Stein gehauen haben, wohl vom Hl. Geist beseelt gewesen, wenigstens vom Hl. Geist der Rechtschreibung. Vorausschauend wurde "dass" und "muss" mit Doppel-s verewigt, zur Zeit der Aufstellung des Marterls ein Rechtschreibfehler, vom Rechtschreib-DUDEN gerüffelt. Gemäß der vor Jahren erfolgten "Rechtschreibreform" ist die Orthographie auf dem Bildstock jedoch in Ordnung: Grund für ein Danke an die göttliche Vorausschau und Vorsehung!

Die Sünden der Menschen sollen für den angeblichen Kreuzestod Jesu verantwortlich sein. Sünden sind, folgt man dem "Vater unser", Folge der Verführungen – nein: nicht der Schlange, des Antichristen oder des Teufels! - durch Gott. Im sog. "Gebet des Herrn" – gemeint ist Jesus Christus -, heißt es: "Und führe uns nicht in Versuchung." Nicht nur in letzter Zeit sind innerkatholische Diskussionen über diese Vater-unser-Stelle en vogue, wobei die Stellungnahme des Regensburger Bischofs und ehemaligem Dogmatikprofessor Rudolf Voderholzer eindeutig ist. In seiner Predigt zum 1. Fastensonntag des Jahres 2015 mit dem Titel *Was heißt: "Und führe uns nicht in Versuchung"?* formulierte er: »Was hindert also daran, das Vaterunser umzuformulieren? Nun. Uns hindert erst einmal die textliche Überlieferung. Sowohl in der Vaterunser-Fassung des Matthäus-Evangeliums (6,13) als auch in der Fassung des Lukas-Evangeliums (11,4), die sich an manchen Stellen durchaus unterscheiden, heißt es eindeutig und gleichlautend: kai mee eisenénkees hemas eis peirasmon. Und führe uns nicht in Versuchung.« (Quelle: kath.net)

Zurück zum Antichristen.

Als Beispiele für den Antichrist aus der neueren Literatur seien genannt *Mephisto* von Klaus Mann, Joseph Roths Essay *Der Antichrist* sowie das Sonett *Der Antichrist* von Reinhold Schneider (1903 – 1958):

Der Antichrist
Nach Luca Signorelli

Er wird sich kleiden in des Herrn Gestalt,
Und Seine heilige Sprache wird er sprechen
Und Seines Richteramtes sich erfrechen
Und übers Volk erlangen die Gewalt.

Und Priester werden, wenn sein Ruf erschallt,
Zu seinen Füßen ihr Gerät zerbrechen,
Die Künstler und die Weisen mit ihm zechen,
Um den sein Lob aus Künstlermunde hallt.

Und niemand ahnt, daß Satan aus ihm spricht
Und seines Tempels Wunderbau zum Preis
Die Seelen fordert, die er eingefangen;

Erst wenn er aufwärts fahren will ins Licht,
Wird ihn der Blitzstrahl aus dem höchsten Kreis
Ins Dunkel schleudern, wo er ausgegangen.

Nietzsches Antichrist

Nietzsches Werk *Der Antichrist* gliedert sich in

- ein kurzes Vorwort
- 62 Abschnitte
- und den Appendix »Gesetz wider das Christenthum«

Der Titel *Der Antichrist* stand spätestens einen Monat vor Beginn der Arbeit an *Ecce homo* fest. Am 14. September 1988 schreibt Nietzsche an Franz Overbeck, das Buch heiße »unter uns gesagt >der Antichrist<« und er wolle »schwören, daß Alles, was je zur Kritik des Christenthums gedacht und gesagt worden, eitel Kinderei dagegen ist« (KGB III 5, p. 434). Dies aber nicht nur deswegen, weil *Der Antichrist* der polemischste Text in Nietzsches Œuvre ist. Prof. Dr. Christian Illies von der Uni Bamberg hat im WS 2019/20 in seinem Seminar zum Thema "Antichrist" formuliert, Nietzsche habe den Text "mit Schaum vor dem Mund" geschrieben.

Geht man von der Richtigkeit dieser Aussage aus, und es besteht tatsächlich kein Zweifel daran, dann könnte als Motto für *Der Antichrist* eine Sentenz aus Kapitel 57 des Werke stehen.

»Es bleibt dem Kritiker des Christenthums nicht erspart, das Christenthum v e r ä c h t l i c h zu machen.«

Die professorale Aussage "mit Schaum vor dem Mund" soll durch die Aussagen Nietzsches, d. h. durch relativ viele Textstellen belegt werden.

Es gibt weitere Äußerungen Nietzsches zu seinem Werk bzw. dessen Absicht.

Um den 17. Dezember 1888 schrieb er an Helen Zimmer, es sei seine »Aufgabe, die zu den allergrößten gehört, welche ein Mensch auf sich nehmen kann — ich will das Christenthum vernichten«. In seinem

ebenfalls an Helen Zimmer gerichteten Brief vom 17. Dezember 1888 heißt es: »Es handelt sich um ein Attentat auf das Christenthum, das vollkommen wie Dynamit auf Alles wirkt, das im Geringsten mit ihm verwachsen ist. Wir werden die Zeitrechnung verändern, ich schwöre es Ihnen zu. Es hat nie ein M<ensch> mehr Recht zur Vernichtung gehabt als ich!«

Zuerst hatte Nietzsche den Untertitel *Umwerthung aller Werthe* bzw. *Versuch einer Kritik des Christenthums* vorgesehen, um dann den Untertitel *Fluch auf das Christenthum* zu wählen.

Nach Nietzsches erklärtem Willen soll der Leser des *Antichrist* zunächst sein Werk *Ecce homo* kennenlernen, obwohl dieses erst nach dem *Antichrist* entstanden ist.

Der Titel *Antichrist* ist zweideutig. Das "Anti" kann sich sowohl gegen Christen als auch gegen Christus richten. "Antichrist[en]" im erstgenannten Sinne kommt in Nietzsches Werken dreimal vor: zweimal in *Der Antichrist* (Kap. 38 und 47), einmal in *Götzen-Dämmerung* (Kap. 3)

Der Nietzsche-Interpret Heinrich Meier schreibt: »Nietzsche spielt mit einer Figur, die wie keine andere den eschatologischen Ernst einer langen, bis auf Paulus zurückreichenden Tradition in sich versammelt: Der Antichrist als der Widersacher, der der Wiederkunft Christi am Ende der Geschichte unmittelbar vorausgeht; der Alte Feind, mit dem der letzte Kampf ausgefochten werden muß; die Macht, die den Menschen mit der wichtigsten aller Entscheidungen konfrontiert: ob er für oder gegen Christus Partei ergreift.« (Meier 174)

In *Ecce homo* schreibt Nietzsche schließlich: »Ich bin [...] der A n t i c h r i s t . . .« (Kap. 2), obgleich es in seinem Werk *Die Geburt der Tragödie* heißt: »[W]er wüsste den rechten Namen des Antichrist?« (Kap. 5)

Nietzsche gibt im Vorwort die Bedingungen an, unter denen man ihn »versteht und dann m i t N o t w e n d i g k e i t versteht« (AC, Vorwort). Diese sind seiner Ansicht nach »[e]ine Vorliebe der Stärke

für Fragen, zu denen Niemand heute den Muth hat; der Muth zum
V e r b o t e n e n ; die Vorherbestimmung zum Labyrinth.« (ebd.) .)

In Kapitel 1 wendet sich Nietzsche gegen »faulen Frieden, [...] feigen
Compromiss«. Die »Toleranz und largeur des Herzens, die alles "verzeiht",
weil sie Alles "begreift", ist Scirocco für uns. Lieber im Eise leben als unter
modernen Tugenden und andren Südwinden! ... « Faulen Frieden, so der
Subtext, mit dem Christentum will er nicht schließen.

In Kapitel 2 bis 7 skizziert Nietzsche seine Leitidee des Antichristen,
wobei für ihn Folgendes wichtig und entscheidend ist (AC 2):

> Was ist gut? — Alles, was das Gefühl der Macht, den Willen
> zur Macht, die Macht selbst im Menschen erhöht.
>
> Was ist schlecht? — Alles, was aus der Schwäche stammt.
>
> Was ist Glück? — Das Gefühl davon, dass die Macht
> w ä c h s t , dass ein Widerstand überwunden wird.
>
> N i c h t Zufriedenheit, sondern mehr Macht; n i c h t
> Friede überhaupt, sondern Krieg; n i c h t Tugend, sondern
> Tüchtigkeit (Tugend im Renaissance-Stile, virtù, moralinfreie
> Tugend)
>
> Die Schwachen und Missrathnen sollen zugrunde gehen:
> erster Satz u n s r e r Menschenliebe. Und man soll ihnen noch
> dazu helfen.
>
> Was ist schädlicher als ein Laster? — Das Mitleiden der That
> mit allen Missrathnen und Schwachen — das Christenthum ...

Nietzsche bezeichnet das Christentum als »Partei alles Schwachen,
Niedrigen, Missrathnen«. (AC 5)

Weiter schreibt Nietzsche in Kapitel 6:

> Das Leben selbst gilt mir als Instinkt für Wachsthum, für
> Dauer, für Häufung von Kräften, für M a c h t : wo der Wille
> zur Macht fehlt, giebt es Niedergang. Meine Behauptung ist, dass

allen obersten Werthen der Menschheit dieser Wille f e h l t , — dass Niedergangs-Werthe, n i h i l i s t i s c h e Werthe unter den heiligsten Namen die Herrschaft führen.

Kapitel 7 bietet dann die Kritik Nietzsches am Mitleiden und am Christentum Er schreibt:

Man nennt das Christenthum die Religion des M i t l e i d e n s . — Das Mitleiden steht im Gegensatz zu den tonischen [i. e. kräftigenden, stärkenden; W.S.] Affekten, welche die Energie des Lebensgefühls erhöhn: es wirkt depressiv. (AC 7)

Einige Zeilen weiter heißt es:

Man hat gewagt, das Mitleiden eine Tugend zu nennen […]; man ist weiter gegangen, man hat aus ihm d i e Tugend, den Boden und Ursprung aller Tugenden gemacht, — nur freilich, was man stets im Auge behalten muss ⟨,⟩vom Gesichtspunkte einer Philosophie aus, welche nihilistisch war, welche die V e r n e i n u n g   d e s   L e b e n s auf ihr Schild sch⟨r⟩ieb. Schopenhauer war in seinem Rechte damit: durch das Mit<leid> wird das Leben verneint, v e r n e i n u n g s w ü < r d i g e r > gemacht, — Mitleiden ist die P r a x i s des Nihilismus. (ebd.)

Der Schluß von Kapitel 7 lautet:

Nichts ist ungesunder, inmitten unsrer ungesunden Modernität, als das christliche Mitleid. H i e r Arzt sein, h i e r unerbittlich sein, h i e r das Messer führen — das gehört zu u n s , das ist u n s r e Art Menschenliebe, damit sind w i r Philosophen […]! — — — (ebd.)

Darauf folgend (Kapitel 8 – 14) formuliert Nietzsche seine Einstellung zum Gegensatz zwischen »Theologen-Instinkt« (AC 9), der seiner Meinung nach die gesamte Geschichte der Philosophie, zumindest bis Hegel, beherrschte, und seiner philosophischen Haltung sowie der von gleichgesinnten Philosophen, die er als »freie[.] Geister« (AC 13) bezeichnet. Die "freien Geister" »haben umgelernt« (AC 14) und insofern bereits eine »"Umwerthung aller Werthe"« (AC 13) vorgenommen. Nietzsche diagnostiziert:

> A l l e Methoden, a l l e Voraussetzungen unsrer jetzigen Wissenschaftlichkeit haben Jahrtausende lang die tiefste Verachtung gegen sich gehabt [...] — man galt als "Feind Gottes", als Verächter der Wahrheit, als "Besessener". (AC 13)

Nietzsche sagt ganz klar, wer seine Gegner und die der Gleichsinnten sind: »Es ist nothwendig zu sagen, w e n wir als unsern Gegensatz fühlen — die Theologen und Alles, was Theologen-Blut im Leibe hat — unsre ganze Philosophie ... « (AC 8)

Ähnlich hat sich auch Ludwig Feuerbach geäußert: »Das Geheimnis der *Theologie* ist die *Anthropologie*, das Geheimnis aber der *spekulativen Philosophie* - die *Theologie* – die *spekulative* Theologie, welche sich dadurch von der *gemeinen* unterscheidet, daß sie das von dieser aus Furcht und Unverstand in das Jenseits entfernte göttliche Wesen ins Diesseits versetzt, d. h. *vergegenwärtigt, bestimmt, realisiert.*« (Vorläufige Thesen, S. 3)

Der Kern des Gegensatzes, um den Nietzsche geht, ist folgender: In der Selbstkritik der Philosophie geht es wie zuvor in der Gegenstellung von Antichrist und Christ um die *Wahrheit*: die Wahrheit, die dem Leben gerecht wird. Der »Theologen-Instinkt des Hochmuths« (AC 8) verwehrt den Zugang zu ihr.

Dem möchte Nietzsche entgegentreten. Er schreibt: »Diesem Theologen-Instinkte mache ich den Krieg: ich fand seine Spur überall. Wer Theologen-Blut im Leibe hat, steht von vornherein zu allen Dingen schief und unehrlich. Das Pathos, das sich daraus entwickelt, heisst sich

22 G l a u b e : das Auge Ein-für-alle Mal vor sich schliessen, um nicht am

Aspekt unheilbarer Falschheit zu leiden.« (AC 9)

Im 8. Kapitel des *Antichrist* heißt es:

> So lange der Priester noch als eine h ö h e r e Art Mensch gilt,
> dieser Verneiner, Verleumder, Vergifter des Lebens von B e r u f ,
> giebt es keine Antwort auf die Frage: was i s t Wahrheit? Man
> hat bereits die Wahrheit auf den Kopf gestellt, wenn der bewusste
> Advokat des Nichts und der Verneinung als Vertreter der
> "Wahrheit" gilt … (AC 8)

Und im nächsten Kapitel schreibt Nietzsche:

> Ich grub den Theologen-Instinkt noch überall aus: er ist die
> verbreitetste, die eigentlich u n t e r i r d i s c h e Form der
> Falschheit, die es auf Erden giebt. Was ein Theologe als wahr
> empfindet, das m u s s falsch sein: man hat daran beinahe ein
> Kriterium der Wahrheit. [...] So weit der Theologen-Einfluss
> reicht, ist das W e r t h - U r t h e i l auf den Kopf gestellt, sind
> die Begriffe "wahr" und "falsch" nothwendig umgekehrt: was
> dem Leben am schädlichsten ist, das heisst hier "wahr", was es
> hebt, steigert, bejaht, rechtfertigt und triumphiren macht, das
> heisst "falsch" … (AC 9)

Summa summarum: »Was geht einen Priester die W i s s e n s c h a f t
an! Er steht zu hoch dafür! — Und der Priester hat bisher
g e h e r r s c h t ! E r b e s t i m m t e den Begriff "wahr" und
"unwahr"! … « (AC 12)

Heinrich Meier meint dazu: »Es ist ein Teil von Nietzsches Politik der
Umwertung [aller Werte; W.S.], daß sie ein Vorurteil gegen die Theologen
zu wecken und zu pflanzen sucht. Dazu zählt die polemische Faustregel,
was ein Theologe als wahr empfindet, das muß falsch sein, woran man
beinahe "ein Kriterium der Wahrheit" habe, oder die nicht weniger
hyperbolische Behauptung, der "Selbsterhaltungs-Instinkt" des Theologen **23**

verbiete, "daß die Realität in einem Punkte zu Ehren oder auch nur zu Worte käme".« (Meier 189)

Anschließend (Kapitel 15) folgt Nietzsches Kritik der christlichen Religion und Theologie. Nietzsche schreibt: »Weder die Moral noch die Religion berührten sich im Christenthume in einem Punkte der Wirklichkeit.« (AC 15) Das Christentum baut eine »reine F i k t i o n s - W e l t « (ebd.) auf, die »sich dadurch sehr zu ihren Ungunsten von der Traumwelt [unterscheidet], dass letztere die Wirklichkeit w i e d e r s p i e g e l t , während s i e die Wirklichkeit fälscht, entwerthet, verneint.« (ebd.)

»Der Einwand, der Selbsterhaltungs-Instinkt des Theologen verbiete, "dass die Realität in irgend einem Punkte zu Ehren oder auch nur zu Wort käme" (AC 9) wird ausgeweitet zu dem Urteil: "Weder die Moral noch die Religion berührt sich im Christenthume mit irgend einem Punkte der Wirklichkeit." (AC 15) Wurde den Theologen Hochmut gegen die Wirklichkeit vorgeworfen, erscheint das Christentum als Wirklichkeitsverweigerung durch und durch oder als einziger Gegenentwurf zur Wirklichkeit: Es verbinde lauter imaginäre Ursachen ("Gott", "Seele", "Ich", "freier Wille" oder "unfreier Wille" [s. AC 15]) mit lauter imaginären Wirkungen ("Sünde", "Erlösung", "Gnade", "Strafe", "Vergebung der Sünde" [ebd.], baue auf einen "Verkehr zwischen imaginären Wesen ("Gott"; "Geister", "Seelen")" (ebd.), bediene sich einer imaginären Naturwissenschaft (anthropozentrischen Zuschnitts und ohne jeden Begriff natürlicher Ursachen), vertraue auf eine imaginäre Psychologie (mit der Zeichensprache einer "religiös-moralischen Idiosynkrasie" von "Reue", "Gewissensbiss", "Versuchung des Teufels","Nähe Gottes") [ebd.] und kulminiere in einer imaginären Teleologie ("das Reich Gottes", "das jüngste Gericht", "das ewige Leben")

24 [ebd.].« (Meier 198)

Den christlichen Gottesbegriff kritisiert Nietzsche in den nächsten drei Kapiteln (16 – 19). Aus seiner Sicht ist Gott nicht nur gut. Nietzsche spricht von der » w i d e r n a t ü r l i c h e [n] C astration eines Gottes zu einem Gotte bloss des Guten«. (AC 16) Für ihn ist

> [d]er christliche Gottesbegriff — Gott als Krankengott, Gott als Spinne, Gott als Geist — [...] einer der corruptesten Gottesbegriffe, die auf Erden erreicht worden sind [...] G o t t z u m W i d e r s p r u c h d e s L e b e n s abgeartet, statt dessen Verklärung und ewiges J a zu sein! In Gott dem Leben, der Natur, dem Willen zum Leben die Feindschaft angesagt! Gott die Formel für jede Verleumdung des "Diesseits", für jede Lüge vom "Jenseits"! In Gott das Nichts vergöttlicht, der Wille zum Nichts heilig gesprochen! ... (AC 18)

Nietzsche wird noch deutlicher - Stichwort "Schaum vor dem Mund". Er poltert in AC 19:

> [D]ieser erbarmungswürdige Gott des christlichen Monotono-Theismus! dies hybride Verfalls-Gebilde aus Null, Begriff und Widerspruch, in dem alle Décadence-Instinkte, alle Feigheiten und Müdigkeiten der Seele ihre Sanktion haben! — —

Nietzsche hat zwar "Probleme" mit dem Christentum, nicht aber mit dem Buddhismus, der für ihn keine Religion des Ressentiments ist. Buddhas Lehre, so Nietzsche, »wehrt sich gegen nichts mehr als gegen das Gefühl der Rache, der Abneigung, des ressentiment«. (AC 20)

Anders das Christentum: »Christlich«, so Nietzsche, »ist ein gewisser Sinn der Grausamkeit, gegen sich und Andre; der Hass gegen die Andersdenkenden; der Wille, zu verfolgen.« (AC 21) Und: »Christlich ist der Hass gegen den G e i s t , gegen Stolz, Muth, Freiheit, libertinage des Geistes; christlich ist der Hass gegen die S i n n e , gegen die Freuden der

Sinne, gegen die Freude überhaupt ... « (ebd.)

Nietzsches Vergleich Christentum – Buddhismus wird im *Nietzsche-Lexikon* von Michael Skowron so zusammengefaßt (S. 55 f.):

> Positiv fällt [...] der Vergleich mit dem Christentum in *AC* aus. Der Buddhismus kommt nicht nur ohne den Begriff "Gott" aus und stehe »j e n s e i t s von Gut und Böse. — « , er sei auch »hundert Mal realistischer als das Christenthum« und die »einzige eigentlich p o s i t i v i s t i s c h e Religion, die uns die Geschichte zeigt, auch noch in seiner Erkenntnisstheorie«. (*AC 20*) Während das Christentum zunächst vor allem in den unteren sozialen Schichten Verbreitung fand, wo meistens auch Ressentimentgefühle gegen die Herrschenden vorhanden sind, stehen im Buddhismus »die höheren und selbst gelehrten Stände« (*AC 21*) im Vordergrund. Der Spruch aus dem *Dhammapada* (I, 5): »Nicht durch Feindschaft kommt Feindschaft zu Ende, durch Freundschaft kommt Feindschaft zu Ende«, also die Freiheit vom Ressentiment, steht für Nietzsche am Anfang der Lehre Buddhas. [...] Der Buddhismus verheiße nicht bloß Frieden und Glück auf Erden, sondern erreiche dieses Ziel auch (AC 42).«

Dazu kommt, daß dem Buddhismus das Missionieren vor allem sogenannter "Ungläubiger", sogenannter "Heiden", sogenannter "Barbaren", aber auch Angehöriger anderer Religionsgemeinschaften fremd ist. Auch dies beschäftigt Nietzsche:

> Das Christenthum hatte b a r b a r i s c h e Begriffe und Werthe nöthig, um über Barbaren Herr zu werden: solche sind das Erstlingsopfer, das Bluttrinken im Abendmahl, die Verachtung des Geistes und der Cultur; die Folterung in allen Formen, sinnlich und unsinnlich; der grosse Pomp des Cultus. (AC 22)

Beim Versuch, das Christentum historisch zu erfassen, historisch zu rekonstruieren, stellt Nietzsche fest, daß »[d]ie Geschichte Israels [...] unschätzbar als typische Geschichte aller E n t n a t ü r l i c h u n g der Natur-Werthe« sei. (AC 25) Der Jahve Israels war, nach seiner Überzeugung, »der Ausdruck des Macht-Bewusstseins, der Freude an sich, der Hoffnung auf sich«. (ebd.) Dieser Zustand änderte sich mit der »Anarchie im Innern, der Assyrer von aussen.« (ebd.) »Man v e r ä n d e r t e seinen Begriff [i. e. den Begriff Jahves; W.S.] - man e n t n a t ü r l i c h t e seinen Begriff: um diesen Preis hielt man ihn fest.« (ebd.)

Das Christentum durchlief denselben Prozeß der Entnatürlichung, und zwar bis zur letzten Konsequenz. »Das heilige Volk »verneinte, als C h r i s t e n t h u m , noch die letzte Form der Realität, das "heilige Volk", das "Volk der Auserwählten" die j ü d i s c h e Realität selbst.« (AC 26)

Auch Jesus kommt bei Nietzsche nicht ungeschoren davon, er analysiert die »P s y c h o l o g i e d e s E r l ö s e r s « (AC 28), ihn interessiert »der psychologische Typus des Erlösers« (AC 29). Nietzsche versteht nicht, warum aus Jesus ein "Held" und gar ein "Genie" gemacht wurde (ebd.) Er sieht Jesus ganz anders und formuliert: »Mit der Strenge des Physiologen gesprochen wäre hier ein ganz anderes Wort [als "Held" oder "Genie"; W.S.] eher noch am Platz: das Wort Idiot.« (ebd.) Hier ist nicht klar, ob dies nicht (auch) eine Anspielung auf Dostojewskijs Roman *Der Idiot* ist.

Und weiter: »D i e I n s t i n c t - A u s s c h l i e s s u n g a l l e r A b n e i g u n g , a l l e r F e i n d s c h a f t , a l l e r G r e n z e n u n d D i s t a n z e n i m G e f ü h l [ist] Folge einer extremen Leid- und Reizfähigkeit«. (AC 30)

Nietzsche geht davon aus, »dass der Typus des Erlösers uns nur in einer starken Entstellung erhalten ist.« (AC 31) Nietzsche weiter: »In der ganzen Psychologie des "Evangeliums" fehlt der Begriff Schuld und Strafe; insgleichen der Begriff Lohn. Die "Sünde", jedwedes Distanz-Verhältniss zwischen Gott und Mensch ist abgeschafft, — e b e n d a s i s t d i e "f r o h e B o t s c h a f t". Die Seligkeit wird nicht verheissen, sie wird nicht an Bedingungen geknüpft: sie ist die e i n z i g e Realität — der Rest ist Zeichen, um von ihr zu reden …« (AC 33)

Nietzsche nennt Jesus den » g r o s s e n S y m b o l i s t e n « (AC 34), der »nur i n n e r e Realitäten als Realitäten«, als "Wahrheiten" nahm (ebd.). Seine Symbole seien rein psychologisch gemeint gewesen: »Das "Himmelreich" ist ein Zustand des Herzens — nicht Etwas, das "über der Erde" oder "nach dem Tode" kommt.« (ebd.) Daher ist, so argumentiert Nietzsche, »die Geschichte des Christenthums — und zwar vom Tode am Kreuze an — [...] die Geschichte des schrittweise immer gröberen Missverstehns eines u r s p r ü n g l i c h e n Symbolismus.« (AC 37)

Nietzsche schreibt:

> U n d h i e r b e g i n n t m e i n E k e l. — Ich sehe
> mich um: es ist kein Wort von dem mehr übrig geblieben,
> was ehemals "Wahrheit" hiess, wir halten es nicht einmal
> mehr aus, wenn ein Priester das Wort "Wahrheit" auch nur in
> den Mund nimmt. Selbst bei dem bescheidensten Anspruch
> auf Rechtschaffenheit m u s s man heute wissen, dass ein
> Theologe, ein Priester, ein Papst mit jedem Satz, den er spricht,
> nicht nur irrt, sondern l ü g t, — dass es ihm nicht mehr
> freisteht, aus "Unschuld", aus "Unwissenheit" zu lügen. Auch
> der Priester weiss, so gut es Jedermann weiss, dass es keinen
> "Gott" mehr giebt, keinen "Sünder", keinen "Erlöser" — dass
> "freier Wille", "sittliche Weltordnung" L ü g e n sind: — der
> Ernst, die tiefe Selbstüberwindung des Geistes e r l a u b t
> Niemandem mehr, hierüber n i c h t zu wissen … Alle

Begriffe der Kirche sind erkannt als das was sie sind, als die bösartigste Falschmünzerei, die es giebt, zum Zweck, die Natur, die Natur-Werthe zu e n t w e r t e n ; der Priester selbst ist erkannt als das, was er ist, als die gefährlichste Art Parasit, als die eigentliche Giftspinne des Lebens … Wir wissen, unser G e w i s s e n weiss es heute —, w a s überhaupt jene unheimlichen Erfindungen der Priester und der Kirche werth sind, w o z u s i e d i e n t e n , mit denen jener Zustand von Selbstschändung der Menschheit erreicht worden ist, der Ekel vor ihrem Anblick machen kann — die Begriffe "Jenseits", "Jüngstes Gericht", "Unsterblichkeit der Seele", die "Seele" selbst: es sind Folter-Instrumente, es sind Systeme von Grausamkeiten, vermöge deren der Priester Herr wurde, Herr blieb … Jedermann weiss das: u n d t r o t z d e m b l e i b t A l l e s b e i m A l t e n . (AC 38)

Nietzsche legt noch eins drauf: »[W]as für eine M i s s g e b u r t v o n F a l s c h h e i t muss der moderne Mensch sein, dass er sich trotzdem n i c h t s c h ä m t , Christ noch zu heissen! — — — «

Nietzsche will die »echte Geschichte des Christenthums« (AC 39) erzählen. »Das Wort schon "Christenthum" ist ein Missverständniss —, im Grunde gab es nur Einen Christen, und der starb am Kreuz. Das "Evangelium" s t a r b am Kreuz.« (ebd.) Nietzsche weiter: »I n d e r T h a t g a b e s g a r k e i n e C h r i s t e n . Der "Christ", das, was seit zwei Jahrtausenden Christ heisst, ist bloss ein psychologisches Selbst-Missverständniss.« (ebd.) Ein Mißverständnis war auch, Jesus »hinterdrein [...] als im Aufruhr gegen die Ordnung« (AC 40) zu verstehen.

Jesus starb am Kreuz. Auf die Frage: "Warum?" fand, so Nietzsche, die kleine Gemeinschaft der Jünger und Bewunderer Jesu »eine geradezu

30 schrecklich absurde Antwort: Gott gab seinen Sohn zur Vergebung der

Sünden, als O p f e r . « (AC 41) Es war, so Nietzsche, ein "Schuldopfer".
Es war »[d]as S c h u l d o p f e r und zwar in seiner widerlichsten,
barbarischsten Form, das Opfer des U n s c h u l d i g e n für die
Sünden der Schuldigen! Welches schauderhafte Heidenthum! — Jesus
hatte ja den Begriff der "Schuld" selbst abgeschafft, — er hat jede Kluft
zwischen Gott und Mensch geleugnet, er l e b t e diese Einheit von Gott
und Mensch als s e i n e "frohe Botschaft"…Und n i c h t als Vorrecht!
— Von nun an tritt schrittweise in den Typus des Erlösers hinein: die
Lehre vom Gericht und von der Wiederkunft, die Lehre vom Tod als einem
Opfertode, die Lehre von der A u f e r s t e h u n g «. (ebd.) Paulus habe,
so fährt Nietzsche fort, »diese Auffassung, diese U n z u c h t von
Auffassung mit jener rabbinerhaften Frechheit, die ihn in allen Stücken
auszeichnet, damit logisirt: "w e n n Christus nicht auferstanden ist von
den Todten, so ist unser Glaube eitel". — Und mit einem Male wurde aus
dem Evangelium die verächtlichste aller unerfüllbaren Versprechungen, die
u n v e r s c h ä m t e Lehre von der Personal-Unsterblichkeit…Paulus
selbst lehrte sie noch als L o h n ! …« (ebd.)

»Der "frohen Botschaft" folgte auf dem Fuss die
a l l e r s c h l i m m s t e : die des Paulus.« (AC 42)

Den Apostel Paulus versteht Nietzsche als »Dysangelist«, als
»Falschmünzer aus Hass«. (ebd.) Paulus, so Nietzsche weiter,
»e r f a n d   s i c h   e i n e   G e s c h i c h t e   d e s   e r s t e n
C h r i s t e n t h u m s «(ebd.), und er erfand »d i e L e h r e v o m
"G e r i c h t" . . . « (ebd.) Gemeint ist das sog. "Jüngste Gericht".

Doch damit ist Nietzsche mit Paulus noch nicht "fertig". Er räsoniert
weiter: »Nichts blieb [von Paulus; W.S.] unangetastet, Nichts blieb auch
nur ähnlich der Wirklichkeit. Paulus verlegte einfach das Schwergewicht
jenes ganzen Daseins h i n t e r dies Dasein, — in die L ü g e vom
"wiederauferstandenen" Jesus.« Und: »Was er [Paulus; W.S.] selbst nicht

glaubte, die Idioten, unter die er s e i n e Lehre warf, glaubten es.

— S e i n Bedürfniss war die M a c h t ; mit Paulus wollte nochmals der Priester zur Macht, — er konnte nur Begriffe, Lehren, Symbole brauchen, mit denen man Massen tyrannisirt, Heerden bildet.« (ebd.)

Für Nietzsche gilt: Das Christentum ist die »Kunst, heilig zu lügen«. Und: »Der Christ [ist die] ultima ratio der Lüge«. (AC 44) Seine Abrechnung lautet:

> Die Realität ist, dass hier [im Christentum; W.S.] der bewussteste A u s e r w ä h l t e n - D ü n k e l die Bescheidenheit spielt: man hat s i c h , die "Gemeinde", die "Guten und Gerechten" ein für alle Mal auf die Eine Seite gestellt, auf die "der Wahrheit" — und den Rest, "die Welt", auf die andre ... D a s war die verhängnissvollste Art Grössenwahn, die bisher auf Erden dagewesen ist: kleine Missgeburten von Muckern und Lügnern fiengen an, die Begriffe "Gott" "Wahrheit" "Licht" "Geist" "Liebe" "Weisheit" "Leben" für sich in Anspruch zu nehmen, gleichsam als Synonyma von sich, um damit die "Welt" gegen sich abzugrenzen, kleine Superlativ-Juden, reif für jede Art Irrenhaus, drehten die Werthe überhaupt nach s i c h um, wie als ob erst der Christ der Sinn, das Salz, das Maass, auch das l e t z t e G e r i c h t vom ganzen Rest wäre ... (ebd.)

Die Aussagen in Kapitel 45 zeigen, daß Paulus, nach der Meinung Nietzsches, aus der Freiheit Jesu vom Ressentiment eine Religion des Ressentiments macht. Nietzsche schreibt: »Paulus war der grösste aller Apostel der Rache ... (AC 45) Später bringt er das auf die »Formel: »deus, qualem Paulus creavit, dei negatio.« (AC 47) Auf Deutsch: Der Gott, den Paulus geschaffen hat, ist die Verneinung, die Leugnung Gottes.

In den Kapiteln 47 bis 49 kritisiert Nietzsche die Feindseligkeit der

32 (christlichen) Priester gegenüber der Wissenschaft:

Der "Glaube" als Imperativ ist das V e t o gegen die Wissenschaft, — in praxi die Lüge um jeden Preis ... Paulus b e g r i f f, dass die Lüge — dass "der Glaube" noth that; die Kirche begriff später wieder Paulus. — Jener "Gott", den Paulus sich erfand, ein Gott, der "die Weisheit der Welt" (im engern Sinn die beiden grossen Gegnerinnen alles Aberglaubens, Philologie und Medizin) "zu Schanden macht", ist in Wahrheit nur der resolute E n t s c h l u s s des Paulus selbst dazu: "Gott" seinen eignen Willen zu nennen [...] (AC 47)

Kapitel 48 gilt der christlichen Schöpfungsgeschichte:

— Hat man eigentlich die berühmte Geschichte verstanden, die am Anfang der Bibel steht, — von der Höllenangst Gottes vor der W i s s e n s c h a f t? . . . Man hat sie nicht verstanden. Dies Priester-Buch par excellence beginnt, wie billig, mit der grossen inneren Schwierigkeit des Priesters: e r hat nur Eine grosse Gefahr, f o l g l i c h hat "Gott" nur Eine grosse Gefahr. —

Der alte Gott, ganz "Geist", ganz Hohe<r>priester, ganz Vollkommenheit, lustwandelt in seinem Garten: nur dass er sich langweilt. Gegen die Langeweile kämpfen Götter selbst vergebens. Was thut er? Er erfindet den Menschen, — der Mensch ist unterhaltend ... Aber siehe da, auch der Mensch langweilt sich. Das Erbarmen Gottes mit der einzigen Noth, die alle Paradiese an sich haben, kennt keine Grenzen: er schuf alsbald noch andre Thiere. E r s t e r Fehlgriff Gottes: der Mensch fand die Thiere nicht unterhaltend, — er herrschte über sie, er wollte nicht einmal "Thier" sein. — Folglich schuf Gott das Weib. Und in der That, mit der Langeweile hatte es nun ein Ende, — aber auch mit Anderem noch! Das Weib

33

war der z w e i t e Fehlgriff Gottes. — "Das Weib ist seinem Wesen nach Schlange, Heva" — das weiss jeder Priester; "vom Weib kommt j e d e s Unheil in der Welt" — das weiss ebenfalls jeder Priester. "F o l g l i c h kommt von ihm auch die W i s s e n s c h a f t" . . . Erst durch das Weib lernte der Mensch vom Baume der Erkenntniss kosten. — Was war geschehn? Den alten Gott ergriff eine Höllenangst. Der Mensch selbst war sein g r ö s s t e r Fehlgriff geworden, er hatte sich einen Rivalen geschaffen, die Wissenschaft macht g o t t g l e i c h, — es ist mit Priestern und Göttern zu Ende, wenn der Mensch wissenschaftlich wird! — M o r a l : die Wissenschaft ist das Verbotene an sich, — sie allein ist verboten. Die Wissenschaft ist die e r s t e Sünde, der Keim aller Sünde, die E r b sünde. D i e s a l l e i n i s t M o r a l. — "Du sollst n i c h t erkennen": — der Rest folgt daraus. — Die Höllenangst Gottes verhinderte ihn nicht, klug zu sein. Wie w e h r t man sich gegen die Wissenschaft? das wurde für lange sein Hauptproblem. Antwort: fort mit dem Menschen aus dem Paradiese! Das Glück, der Müssiggang bringt auf Gedanken, — alle Gedanken sind schlechte Gedanken … Der Mensch s o l l nicht denken. — Und der "Priester an sich" erfindet die Noth, den Tod, die Lebensgefahr der Schwangerschaft, jede Art von Elend, Alter, Mühsal, die K r a n k h e i t vor Allem, — lauter Mittel im Kampfe mit der Wissenschaft! Die Noth e r l a u b t dem Menschen nicht, zu denken… Und trotzdem! entsetzlich! Das Werk der Erkenntniss thürmt sich auf, himmelstürmend, götter-andämmernd, — was thun! — Der alte Gott erfindet den K r i e g, er trennt die Völker, er macht, dass die Menschen sich gegenseitig vernichten (— die Priester haben immer den Krieg nöthig gehabt ...) Der Krieg — unter Anderem ein grosser Störenfried der Wissenschaft! — Unglaublich! Die Erkenntniss, die E m a n c i p a t i o n   v o m   P r i e s t e r, nimmt selbst trotz Kriegen zu. — Und ein letzter Entschluss kommt dem alten Gott: "der Mensch ward wissenschaftlich, — e s   h i l f t   N i c h t s ,   m a n   m u s s   i h n   e r s ä u f e n !" ... (AC 48)

Nietzsche nennt die Frau – "das Weib" – einen »Fehlgriff Gottes«. Nicht, weil es eine Frau ist, sondern weil sie laut Altem Testament Adam dazu verführte, vom Baum der Erkenntnis zu kosten. Eva war eigentlich als Gefährtin Adams gedacht, erwies sich dann aber als seine Verführerin – was Gott hätte verhindern können, so er hätte wollen!

Kapitel 49 wendet sich gegen die Priester. Vier Stellen seien angeführt:

1. zu Priester und Wissenschaft:

> Der Anfang der Bibel enthält die   g a n z e   Psychologie des Priesters. — Der Priester kennt nur Eine grosse Gefahr: das ist die Wissenschaft — der gesunde Begriff von Ursache und Wirkung. [...]

2. zur sittlichen Weltordnung

> Der Schuld- und Strafbegriff, die ganze "sittliche Weltordnung" ist erfunden g e g e n   die Wissenschaft, — g e g e n   die Ablösung des Menschen vom Priester ...

3. zu Leiden und Priester

> Der Mensch »soll   l e i d e n ... Und er soll so leiden, dass er jeder Zeit den Priester nöthig hat. — Weg mit den Ärzten! M a n   h a t   e i n e n   H e i l a n d   n ö t h i g.

4. zur Sünde

> Die Sünde, nochmals gesagt, diese Selbstschändungs-Form des Menschen par excellence, ist erfunden, um Wissenschaft,

um Cultur, um jede Erhöhung und Vornehmheit des Menschen unmöglich zu machen; der Priester h e r r s c h t durch die Erfindung der Sünde. —

Kapitel 50 entwirft »eine Psychologie des "Glaubens", der "Gläubigen"« (AC 50), und zwar expressis verbis ihnen »zum Nutzen« (ebd.). Nietzsche weist drauf hin, »dass es unter Christen eine Art Criterium der Wahrheit giebt, das man "den Beweis der Kraft" nennt. — [...] In Formel: "ich glaube, dass der Glaube selig macht; — f o l g l i c h ist er wahr."« (ebd.) Nietzsche führt wenig später diesen Gedanken fort: »Dem Gläubigen steht es nicht frei, für die Frage "wahr" oder "unwahr" überhaupt ein Gewissen zu haben: rechtschaffen sein an d i e s e r Stelle wäre sofort sein Untergang.« (AC 54) Nietzsche ist sich sicher: »"Die Wahrheit ist da": dies bedeutet, wo es nur laut wird, d e r P r i e s t e r l ü g t ... « (AC 55)

In den Kapiteln 59 – 61 versucht Nietzsche aufzuzeigen, welche Schäden das Christentum verursacht hat: »Das Christenthum hat uns um die Ernte der antiken Cultur gebracht, es hat uns später wieder um die Ernte der I s l a m - Cultur gebracht. Die wunderbare maurische Cultur-Welt Spaniens [...] wurde n i e d e r g e t r e t e n «. (AC 60) Zudem haben die »Deutschen [...] Europa um die letzte grosse Cultur-Ernte gebracht, die es für Europa heimzubringen gab, — um die der R e n a i s s a n c e .« (AC 61) Daran mit schuld waren Luther und die Reformation.

Das Fazit Nietzsches aus seinen Ausführungen ist eindeutig. In Kapitel 62 schreibt er:

> Hiermit bin ich am Schluss und spreche mein Urtheil. Ich v e r u r t h e i l e das Christenthum, ich erhebe gegen die christliche Kirche die furchtbarste aller Anklagen, die je ein Ankläger in den Mund genommen hat. Sie ist mir die höchste aller denkbaren Corruptionen, sie hat den Willen zur letzten

auch nur möglichen Corruption gehabt. Die christliche Kirche liess Nichts mit ihrer Verderbniss unberührt, sie hat aus jedem Werth einen Unwerth, aus jeder Wahrheit eine Lüge, aus jeder Rechtschaffenheit eine Seelen-Niedertracht gemacht. Man wage es noch, mir von ihren "humanitären" Segnungen zu reden! Irgend einen Nothstand abschaffen gieng wider ihre tiefste Nützlichkeit, — sie lebte von Nothständen, sie s c h u f Nothstände, um s i c h zu verewigen … Der Wurm der Sünde zum Beispiel: mit diesem Nothstande hat erst die Kirche die Menschheit bereichert! — Die "Gleichheit der Seelen vor Gott", diese Falschheit, dieser V o r w a n d für die rancunes aller Niedriggesinnten, dieser Sprengstoff von Begriff, der endlich Revolution, moderne Idee und Niedergangs-Princip der ganzen Gesellschafts-Ordnung geworden ist — ist c h r i s t l i c h e r Dynamit … "Humanitäre" Segnungen des Christenthums! Aus der humanitas einen Selbst-Widerspruch, eine Kunst der Selbstschändung, einen Willen zur Lüge um jeden Preis, einen Widerwillen, eine Verachtung aller guten und rechtschaffnen Instinkte herauszuzüchten! — Das wären mir Segnungen des Christenthums! — Der Parasitismus als e i n z i g e Praxis der Kirche; mit ihrem Bleichsuchts-, ihrem "Heiligkeits"-Ideale jedes Blut, jede Liebe, jede Hoffnung zum Leben austrinkend; das Jenseits als Wille zur Verneinung jeder Realität; das Kreuz als Erkennungszeichen für die unterirdischste Verschwörung, die es je gegeben hat, — gegen Gesundheit, Schönheit, Wohlgerathenheit, Tapferkeit, Geist, G ü t e der Seele, g e g e n d a s L e b e n s e l b s t

. . .

Diese ewige Anklage des Christenthums will ich an alle **37**

Wände schreiben, wo es nur Wände giebt, — ich habe Buchstaben, um auch Blinde sehend zu machen … Ich heisse das Christenthum den Einen grossen Fluch, die Eine grosse innerlichste Verdorbenheit, den Einen grossen Instinkt der Rache, dem kein Mittel giftig, heimlich, unterirdisch, k l e i n genug ist, — ich heisse es den Einen unsterblichen Schandfleck der Menschheit …

Und man rechnet die Z e i t nach dem dies nefastus [Tag des Unheils; W. S.] , mit dem dies Verhängniss anhob, — nach dem e r s t e n Tag des Christenthums! — W a r u m n i c h t l i e b e r n a c h s e i n e m l e t z t e n ? — N a c h H e u t e ? — Umwerthung aller Werthe! …

Nietzsche hat noch einen kurzen Text mit der Überschrift »Gesetz gegen das Christenthum« angefügt - gezeichnet mit »Der Antichrist« (sic!).

Gesetz wider das Christenthum.

Gegeben am Tage des Heils, am ersten Tage des Jahres Eins
(- am 30. September 1888 der falschen Zeitrechnung)

Todkrieg gegen das Laster: das Laster ist
das Christenthum

Erster Satz. — Lasterhaft ist jede Art Widernatur. Die lasterhafteste Art Mensch ist der Priester: er l e h r t die Widernatur. Gegen den Priester hat man nicht Gründe, man hat das Zuchthaus.

Zweiter Satz. -— Jede Theilnahme an einem Gottesdienste ist ein Attentat auf die öffentliche Sittlichkeit. Man soll härter gegen Protestanten als gegen Katholiken sein, härter gegen liberale Protestanten als gegen strenggläubige. Das Verbrecherische im Christsein nimmt in dem Maasse zu, als man sich der Wissenschaft nähert. Der Verbrecher der Verbrecher ist folglich der P h i l o s o p h .

Dritter Satz. — Die fluchwürdige Stätte, auf der das Christenthum seine Basilisken-Eier gebrütet hat, soll dem Erdboden gleich gemacht werden und als v e r r u c h t e Stelle der Erde der Schrecken aller Nachwelt sein. Man soll giftige Schlangen auf ihr züchten.

Vierter Satz. — Die Predigt der Keuschheit ist eine öffentliche Aufreizung zur Widernatur. Jede Verachtung des
40 geschlechtlichen Lebens, jede Verunreinigung desselben durch den

Begriff "unrein" ist die eigentliche Sünde wider den heiligen Geist des Lebens.

F ü n f t e r   S a t z . — Mit einem Priester an Einem Tisch essen stößt aus: man excommunicirt sich damit aus der rechtschaffnen Gesellschaft. Der Priester ist u n s e r Tschandala, — man soll ihn verfehmen, aushungern, in jede Art Wüste treiben.

S e c h s t e r   S a t z . — Man soll die "heilige" Geschichte mit dem Namen nennen, den sie verdient, als v e r f l u c h t e Geschichte; man soll die Worte "Gott", "Heiland", "Erlöser", "Heiliger" zu Schimpfworten, zu Verbrecher-Abzeichen benutzen.

S i e b e n t e r   S a t z . — Der Rest folgt daraus.

D e r   A n t i c h r i s t

Resümee: Nietzsche hat in seinem Text *Der Antichrist* das getan, was er im Kapitel 57 so beschreibt:

»Es bleibt dem Kritiker des Christenthums nicht erspart,
das Christenthum v e r ä c h t l i c h zu machen.«

Nietzsches Antichrist

Nietzsche bezeichnete sich selbst bisweilen als Antichrist. So schrieb er am 3./4. April 1883 an Malwida von Meysenburg: »Wollen Sie einen neuen Namen für mich? Die Kirchensprache hat einen: ich bin — — — — — — — — der A n t i c h r i s t .« (KSB 6, 357) Und in *Ecce Homo, Warum ich so gute Bücher schreibe*, Kap. 2 heißt es: » — ich bin, auf griechisch, und nicht nur auf griechisch, der A n t i c h r i s t . . .«

Den Schlußtext des *Antichrist* "Gesetz wider das Christenthum" unterzeichnet er sogar mit »D e r A n t i c h r i s t«.

Der Antichrist ist, wie schon erläutert, nicht der Satan bzw. der Teufel, sondern die Personifikation des Bösen. Angesichts der Selbstaussagen Nietzsches und seiner Ausführungen zum Christentum läßt sich fragen, wo er bzw. seine Aussagen innerhalb der Formen des Bösen anzusiedeln seien. G. W. F. Hegel hat innerhalb seines Werkes *Grundlinien einer Philosophie des Rechts* eine "Stufung" der Formen des Bösen aufgezeigt. (Karl Marx hat zu diesem Hegel-Text eine Kritik verfaßt. In der "Einleitung" dazu stehen zwei weltberühmte Sentenzen: »Für Deutschland ist die *Kritik der Religion* im wesentlichen beendigt, und die Kritik der Religion ist die Voraussetzung aller Kritik.« Und: »Die Religion ist der Seufzer der bedrängten Kreatur, das Gemüt einer herzlosen Welt, wie sie der Geist geistloser Zustände ist. Sie ist das *Opium* des Volkes.« (MEW 1, S. 378)

In den Paragraphen 129 bis134 der *Rechtsphilosophie* bestimmt Hegel das Gute als "das rechte Wollen, das sich zum Ziel setzt, was ihm wahrhaft als Ziel vorgegeben" ist. "Das ist zugleich das allgemeine Wollensziel, was für alle gut ist.« Die Paragraphen 139 und 140 bestimmen das Böse als »Wille[n], der seine Subjektivität [...] über das Allgemeine setzt oder das Allgemeine gar nicht anerkennt.« (Illies)

Bosheit ist nicht gleich Bosheit, da sie »in unterschiedlicher Gestalt und zunehmender Stärke« auftreten kann, »je nachdem, wie viel Gutheit sie dem Guten noch zugesteht.« (ebd.)

Der "gewöhnliche" Verbrecher tut Böses, wohl wissend, daß es böse ist. Er weiß um das Gute, setzt es aber aus Willensschwäche oder Egoismus nicht um.

Auch Heucheln ist eine Form des bösen Handelns. Das Adjektiv hierzu ist "scheinheilig"; d. h. der Schein des Guten wird mißbraucht, Böses wird verübt, aber als gut ausgegeben.

Im 1. Buch Mose (Genesis) 3, 12 entschuldigt sich Adam bei Gott dafür, daß er vom Baum der Erkenntnis gegessen habe mit den Worten: »Die Frau, die du mir zugesellt hast, gab mir von dem Baum und ich aß.« Adam hat, aus der Sicht Gottes, Böses getan, relativiert dies aber durch eine unzulängliche Rechtfertigung. Aber immerhin anerkennt er, daß sein Tun einer Rechtfertigung bedarf.

Robin Hood tut, neutral betrachtet, Böses, rechtfertigt es aber durch Absicht. Das Gute wird entwirklicht, ihm wird seine Kraft geraubt.

Der "Antichrist" Nietzsche(s) ist in der genannten Skalierung noch nicht zu erkennen. Er stellt sich dar, wenn die/der Einzelne subjektiv entscheidet, was gut ist, wenn sie/er sich selbst erhöht zur/zum Herr*in über Gut und Böse. Der (Nietzsche'sche) Antichrist versucht, alles Gute aufzuheben, Gutes wird nicht mehr ernst genommen, es wird im Spiel aufgelöst. Man kann dies durchaus als "sophistisches Bewußtsein" (Illies) bezeichnen, also als spitzfindiges, wortklauberisches Bewußtsein.

Nietzsche entzieht letztendlich das Böse der Metaphysik, dies heißt vor allem, er entlarvt die natürlichen Grundlagen des Bösen. Zugleich historisiert er den Begriff des Bösen. Er sieht den "Massemensch" als Antichrist, für Nietzsche ist der Einzelne bzw. das Individuum die positive

Gestalt.

Fazit

In einer Welt, die wesentlich geprägt ist von Religionen, in Europa meist vom Christentum, in einer Welt, in der Religionen Machtfaktoren sind, in Deutschland, wo der Staat unentgeltlich die Kirchensteuer eintreibt und wo es an etlichen Universitäten sog. "Konkordatslehrstühle" gibt, die dadurch gekennzeichnet sind, daß die Lehrstuhlinhaber*innen, also Professor*innen, von den Kirchen bestimmt, aber vom Staat bezahlt werden, in einer so gearteten Welt geht Nietzsches *Antichrist* viele Menschen an oder *sollte* viele Menschen angehen, da er »den Antichristen gegen den Christen ins Recht zu setzen und den bisher herrschenden durch einen neuen maßgebenden Typus abzulösen sucht.« (Meier 197)

Man kann es auch (überspitzt?) mit Nietzsche so ausdrücken: »Christlich [und damit ist durchaus auch das "organisierte" Christentum gemeint; W.S.] ist ein gewisser Sinn der Grausamkeit, gegen sich und Andre; der Hass gegen die Andersdenkenden; der Wille, zu verfolgen.« (AC 21)

Nietzsches *Antichrist* hat aber auch eine philosophische Bedeutung. Henrich Meier formuliert: »Das System, das das Christentum ist – in *Götzen-Dämmerug* nennt Nietzsche das Christentum ausdrücklich "ein System" [GD S. 114] und "eine g a n z e Ansicht der Dinge" [ebd.] - gewinnt seine innere Einheit aus der Opposition zur Philosophie.« (Meier 199) Und: »[D] as philosophische Unternehmen des Antichrist [ist]: die Klärung der Frage, was ein Philosoph sei.« (Meier 197)

Letztendlich will Nietzsche mit *Der Antichrist* das ausdrücken, was er in *Also sprach Zarathustra* (Zarathustras Vorrede 3) so formulierte: »Ich beschwöre euch, meine Brüder, b l e i b t d e r E r d e t r e u und glaubt denen nicht, welche euch von überirdischen Hoffnungen reden!

46 Giftmischer sind es, ob sie es wissen oder nicht.«

Zur Aktualität des *Antichrist*

Die ganze Menschheit harrt fast ununterbrochen der Weisheiten des
emeritierten Papstes Benedikt XVI., ehemals Kardinal Ratzinger. Im
Interview mit Peter Seewald formulierte dieser Einwohner einer der
größten Schwulengemeinschaften der Erde, auch Vatikan genannt,
Folgendes: »Vor hundert Jahren hätte es noch jedermann für absurd
gehalten, von homosexueller Ehe zu reden. Heute ist gesellschaftlich
exkommuniziert, wer sich dem entgegenstellt. Ähnliches gilt bei der
Abtreibung und für die Herstellung von Menschen im Labor.« Es sei »nur
allzu natürlich«, darum »Furcht vor der geistigen Macht des Antichrist« zu
haben. (Zitiert nach *Fränkischer Tag*)

    Nur gut, daß es einen so guten Antichrist-Warner gibt!

Zitierweise

Zitiert wird grundsätzlich nach
Friedrich Nietzsche: Der Antichrist, in: ders., Der Fall Wagner u. a.,
    Kritische Studienausgabe Band 6 (KSA 6)
- eingerückte Nietzsche-Stellen erscheinen ohne »…«; Zitate im Zitat sind
  gekennzeichnet.
  Nach dem Kürzel des Werkes (AC) wird die Kapitelnummer angegeben.

Weitere Quellen:
FW: Die fröhliche Wissenschaft, KSA 3, danach wird die Kapitelüberschrift
    und der entsprechende Paragraph angegeben.
GD: Götzen-Dämmerung, KSA 6.
GT: Die Geburt der Tragödie, KSA 1.
JGB: Jenseits von Gut und Böse, KSA 5, nach dem Kürzel wird die
    Kapitelnummer angegeben.
KGB: Kritische Gesamtausgabe Briefe.
MA: Menschliches, Allzumenschliches, KSA 2, nach dem Kürzel wird der
    entsprechende Paragraph angegeben.
NcW: Nietzsche contra Wagner, KSA 6, danach wird die Kapitelüberschrift
    und der entsprechende Paragraph angegeben.
NF: Nachgelassene Fragmente.
Za: Also sprach Zarathustra, KSA 4, nach dem Kürzel des Werkes wird die
    Kapitelüberschrift angegeben.

Literatur:

Die B i b e l. Nach der Übersetzung Martin Luthers, in der revidierten Fassung von 1984, hg. v. EKD, Stuttgart 1999.

Ludwig Feuerbach: Vorläufige Thesen zur Reformation der Philosophie, in: ders.: Entwürfe zu einer Neuen Philosophie, Hamburg 1996.

Max Horkheimer / Theodor W. Adorno: Dialektik der Aufklärung, in: Adorno: Gesammelte Schriften Bd. 6, Frankfurt/M. 1981.

Christian Illies: Handout für das Seminar "Der Antichrist", WS 2019/20

Walter Kaufmann: Nietzsche: Philosoph – Psychologe – Antichrist, Ü.: Jörg Salaquarda, 2. durchges. Aufl. Darmstadt 1988.

Heinrich Meier: Nietzsches Vermächtnis. *Ecce homo* und *Der Antichrist*, München 2019.

John Milton: Das verlorene Paradies (Paradise Lost), Ü.: Hans Heinrich Meier, Stuttgart 2008.

Christian Niemeyer (Hrsg.) Nietzsche-Lexikon, Darmstadt 2009.

Friedrich Nietzsche: Jugendschriften 1854 – 1861, hg. v. Hans-Joachim Merte, München 1994.

Andreas Urs Sommer: Kommentar zu Nietzsches *Antichrist*, hg. v. Heidelberger Akademie der Wissenschaften, Bd.6/2, Heidelberg/Boston 2013.

ders.: Friedrich Nietzsches «Der Antichrist. Ein philosophisch-historischer Kommentar», Basel 2000.

Appendix:

Der "Antichrist" in der Bibel:

1 Joh 4, 2 f.

2 Daran sollt ihr den den Geist Gottes erkennen:: Ein jeder Geist, der bekennt, dass Jesus Christus in das Fleisch gekommen ist, der ist von Gott; *3* und ein jeder Geist, der Jesus nicht bekennt, der ist nicht von Gott. Und das ist der Geist des Antichrists, von dem ihr gehört habt, dass er kommen werde, und er ist jetzt schon in der Welt.

1 Joh 2, 22 f.

22 Wer ist ein Lügner, wenn nicht der, der leugnet, dass Jesus der Christus ist? Das ist der Antichrist, der den Vater und den Sohn leugnet. *23* Wer den Sohn leugnet, der hat auch den Vater nicht; wer den Sohn bekennt, der hat auch den Vater.

2 Joh 7

7 Denn viele Verführer sind in die Welt ausgegangen, die nicht bekennen, dass Jesus Christus im Fleisch gekommen ist. Das ist der Verführer und der Antichrist.

Wille zur Macht

»Ja, ein Unverwundbares, Unbegrabbares ist an mir, ein Felsensprengendes, ein Felsensprengendes: das heißt m e i n   W i l l e . (Za, Das Grablied, KSA 4)

»Wo ich Lebendiges fand, da fand ich Willen zur Macht; und noch im Willen des Dienenden fand ich den Willen, Herr zu sein.« (Za, Von der Selbst-Ueberwindung, KSA 4)

Der Antichrist – Kapitel 48

— Hat man eigentlich die berühmte Geschichte verstanden, die am Anfang der Bibel steht, — von der Höllenangst Gottes vor der W i s s e n s c h a f t ? … Man hat sie nicht verstanden. Dies Priester-Buch par excellence beginnt, wie billig, mit der grossen inneren Schwierigkeit des Priesters: e r hat nur Eine grosse Gefahr, f o l g l i c h hat "Gott" nur Eine grosse Gefahr. —

Der alte Gott, ganz "Geist", ganz Hohe<r>priester, ganz Vollkommenheit, lustwandelt in seinem Garten: nur dass er sich langweilt. Gegen die Langeweile kämpfen Götter selbst vergebens. Was thut er? Er erfindet den Menschen, — der Mensch ist unterhaltend … Aber siehe da, auch der Mensch langweilt sich. Das Erbarmen Gottes mit der einzigen Noth, die alle Paradiese an sich haben, kennt keine Grenzen: er schuf alsbald noch andre Thiere. E r s t e r Fehlgriff Gottes: der Mensch fand die Thiere nicht unterhaltend, — er herrschte über sie, er wollte nicht einmal "Thier" sein. — Folglich schuf Gott das Weib. Und in der That, mit der Langeweile hatte es nun ein Ende, — aber auch mit Anderem noch! Das Weib war der z w e i t e Fehlgriff Gottes. — "Das Weib ist seinem Wesen nach Schlange, Heva" — das weiss jeder Priester; "vom Weib kommt j e d e s Unheil in der Welt" — das weiss ebenfalls jeder Priester. " F o l g l i c h kommt von ihm auch die W i s s e n s c h a f t " . . . Erst durch das Weib lernte der Mensch vom Baume der Erkenntniss kosten. — Was war geschehn? Den alten Gott ergriff eine Höllenangst. Der Mensch selbst war sein g r ö s s t e r Fehlgriff geworden, er hatte sich einen Rivalen geschaffen, die Wissenschaft macht g o t t g l e i c h , — es ist mit Priestern und Göttern zu Ende, wenn der Mensch wissenschaftlich wird!

— M o r a l : die Wissenschaft ist das Verbotene an sich, — sie allein ist verboten. Die Wissenschaft ist die e r s t e Sünde, der Keim aller

53

Sünde, die E r b sünde. D i e s   a l l e i n   i s t   M o r a l. — "Du sollst n i c h t erkennen": — der Rest folgt daraus. — Die Höllenangst Gottes verhinderte ihn nicht, klug zu sein. Wie w e h r t man sich gegen die Wissenschaft? das wurde für lange sein Hauptproblem. Antwort: fort mit dem Menschen aus dem Paradiese! Das Glück, der Müssiggang bringt auf Gedanken, — alle Gedanken sind schlechte Gedanken … Der Mensch s o l l nicht denken. — Und der "Priester an sich" erfindet die Noth, den Tod, die Lebensgefahr der Schwangerschaft, jede Art von Elend, Alter, Mühsal, die K r a n k h e i t vor Allem, — lauter Mittel im Kampfe mit der Wissenschaft! Die Noth e r l a u b t dem Menschen nicht, zu denken … Und trotzdem! entsetzlich! Das Werk der Erkenntniss thürmt sich auf, himmelstürmend, götter-andämmernd, — was thun! — Der alte Gott erfindet den K r i e g , er trennt die Völker, er macht, dass die Menschen sich gegenseitig vernichten (— die Priester haben immer den Krieg nöthig gehabt …) Der Krieg — unter Anderem ein grosser Störenfried der Wissenschaft! — Unglaublich! Die Erkenntniss, die E m a n c i p a t i o n v o m   P r i e s t e r , nimmt selbst trotz Kriegen zu. — Und ein letzter Entschluss kommt dem alten Gott: „der Mensch ward wissenschaftlich, — e s   h i l f t   N i c h t s ,   m a n   m u s s   i h n   e r s ä u f e n !" …

54

Die Fröhliche Wissenschaft – Kapitel 125

D e r   t o l l e   M e n s c h . — Habt ihr nicht von jenem tollen Menschen gehört, der am hellen Vormittage eine Laterne anzündete, auf den Markt lief und unaufhörlich schrie: "Ich suche Gott! Ich suche Gott!" — Da dort gerade Viele von Denen zusammen standen, welche nicht an Gott glaubten, so erregte er ein grosses Gelächter. Ist er denn verloren gegangen? sagte der Eine. Hat er sich verlaufen wie ein Kind? sagte der Andere. Oder hält er sich versteckt? Fürchtet er sich vor uns? Ist er zu Schiff gegangen? ausgewandert? — so schrieen und lachten sie durcheinander. Der tolle Mensch sprang mitten unter sie und durchbohrte sie mit seinen Blicken. „Wohin ist Gott? rief er, ich will es euch sagen! W i r   h a b e n   i h n   g e t ö d t e t , — ihr und ich! Wir Alle sind seine Mörder! Aber wie haben wir diess gemacht? Wie vermochten wir das Meer auszutrinken? Wer gab uns den Schwamm, um den ganzen Horizont wegzuwischen? Was thaten wir, als wir diese Erde von ihrer Sonne losketteten? Wohin bewegt sie sich nun? Wohin bewegen wir uns? Fort von allen Sonnen? Stürzen wir nicht fortwährend? Und rückwärts, seitwärts, vorwärts, nach allen Seiten? Giebt es noch ein Oben und ein Unten? Irren wir nicht wie durch ein unendliches Nichts? Haucht uns nicht der leere Raum an? Ist es nicht kälter geworden? Kommt nicht immerfort die Nacht und mehr Nacht? Müssen nicht Laternen am Vormittage angezündet werden? Hören wir noch Nichts von dem Lärm der Todtengräber, welche Gott begraben? Riechen wir noch Nichts von der göttlichen Verwesung? — auch Götter verwesen! Gott ist todt! Gott bleibt todt! Und wir haben ihn getödtet! Wie trösten wir uns, die Mörder aller Mörder? Das Heiligste und Mächtigste, was die Welt bisher besass, es ist unter unseren Messern verblutet, — wer wischt diess Blut von uns ab? Mit welchem Wasser könnten wir uns reinigen?

56 Welche Sühnfeiern, welche heiligen Spiele werden wir erfinden müssen?

Ist nicht die Grösse dieser That zu gross für uns? Müssen wir nicht selber zu Göttern werden, um nur ihrer würdig zu erscheinen? Es gab nie eine grössere That, — und wer nur immer nach uns geboren wird, gehört um dieser That willen in eine höhere Geschichte, als alle Geschichte bisher war!" — Hier schwieg der tolle Mensch und sah wieder seine Zuhörer an: auch sie schwiegen und blickten befremdet auf ihn. Endlich warf er seine Laterne auf den Boden, dass sie in Stücke sprang und erlosch. "Ich komme zu früh, sagte er dann, ich bin noch nicht an der Zeit. Diess ungeheure Ereigniss ist noch unterwegs und wandert, — es ist noch nicht bis zu den Ohren der Menschen gedrungen. Blitz und Donner brauchen Zeit, das Licht der Gestirne braucht Zeit, Thaten brauchen Zeit, auch nachdem sie gethan sind, um gesehen und gehört zu werden. Diese That ist ihnen immer noch ferner, als die fernsten Gestirne, — u n d   d o c h   h a b e n   s i e   d i e s e l b e   g e t h a n !" — Man erzählt noch, dass der tolle Mensch des selbigen Tages in verschiedene Kirchen eingedrungen sei und darin sein Requiem aeternam deo angestimmt habe. Hinausgeführt und zur Rede gesetzt, habe er immer nur diess entgegnet: "Was sind denn diese Kirchen noch, wenn sie nicht die Grüfte und Grabmäler Gottes sind?" —

Freidenker-Texte

Herausgeber:
Freidenkerinnen & Freidenker Ulm/Neu-Ulm e.V.

Freidenker-Texte 1
Kapitalismus als Religion
Überlegungen zu einem Fragment
Walter Benjamins
6,90 Euro
Walter Schmid

Freidenker-Texte 2
Fritz Lamm - ein unermüdlicher
und unbequemer Streiter
Naturfreund -
Freidenker -
Marxist
6,50 Euro
Heinz Kopp